DISCOURS

POUR

L'ANNIVERSAIRE

DES NEUF ET DIX THERMIDOR

DE L'AN II,

prononcé à Mayence le 10 Thermidor

de l'an VII,

PAR LE C.en F. V. MULOT,

ancien Député de Paris à l'Assemblée législative,
Professeur de belles Lettres, Membre du Lycée
des Arts, et de la Société libre des Sciences,
Lettres et Arts de Paris.

MAYENCE,

chez André Crass, Imprimeur du Département.

O quisquis volet impias
   Cædes, et rabiem tollere civicam,
Si quæret, Pater urbium
   Subscribi statuis, indomitam audeat
Refrænare licentiam,
   Clarus post-genitis . . . .

HORAT. Carm. Lib. III. Ode XXIV.

DISCOURS

pour l'Anniversaire des neuf et dix Thermidor, de l'an II.

C I T O Y E N S,

CE n'est pas plus la chûte de la tête de *Robespierre* que nous célébrons aujourd'hui, qu'on ne célébre au jour qui correspond au 21 Janvier la chûte de la tête de *Capet*; j'ai déjà eu l'occassion de le dire dans cette Commune, nous ne sommes point des cannibales, et nous ne dansons pas autour des échaffauds (*).

Ce sont des triomphes de la liberté que nous célébrons dans ces deux anniversaires.

La liberté étoit reconquise depuis le 14 Juillet. Le peuple s'étoit donné une constitution, le peuple qui n'en avoit jamais eu

---

(*) Dans mon Discours pour l'Anniversaire du 21 Janvier, prononcé à Mayence, en l'an VI.

d'autre que la raison du plus fort, que le bon plaisir ou la volonté de ses rois perpétués, depuis des siècles, sur un trône héréditaire; mais cette constitution elle-même étoit devenue dans la main du monarque l'instrument avec lequel il alloit la détruire. Le 10 Août renversa les projets et le trône du perfide; la royauté fut suspendue. En Septembre elle fut proscrite, et anéantie au 21 Janvier. C'étoit sans doute un vrai sujet de fête, et la postérité nous applaudira d'avoir, en l'établissant et en la célébrant, éternisé notre haîne pour le despotisme et la tyrannie.

Une autre constitution avoit succédé à la constitution mixte que l'établissement de la République ne permettoit plus de laisser subsister; à peine acceptée, le peuple l'avoit vu renfermer dans une arche trop semblable à un tombeau. Je ne vous rappellerai pas, Citoyens, tous les évènemens qui ont suivi cette époque, qui se sont pressés les uns contre les autres et que l'impartiale histoire a recueillis sur ses tables éternelles. Ah! certes! je pourrois vous y montrer bien des sujets de gloire et d'allégresse : des nuées de soldats rassemblés à la voix de la Patrie en danger;

l'ennemi repoussé loin de nos frontières et du sol de la liberté qu'il avoit osé souiller; nos places publiques converties en ateliers où se fabriquoient les armes qui devoient terrasser la coalition des rois; les citoyens occupés de tous côtés à extraire le salpêtre des terres qui le recéloient, et à préparer la foudre qui devoit terrasser ces nouveaux titans; la République formidable partout et partout victorieuse. Mais, hélas! quelles oppositions terribles m'offriroient ces mêmes tables de l'histoire, ces tables véridiques! Ah! que ne puis-je effacer ces caractères sanglans que son burin semble avoir hésité de tracer; mais puisqu'il m'est impossible de les arracher à la connoissance des races futures, ne les reproduisons pas en ce moment sous les yeux de la génération présente qui n'en conserve que trop le douloureux souvenir. Non, Citoyens, je ne vous r'ouvrirai pas ces catacombes horribles où venoient s'engloutir des milliers de citoyens arrachés de leurs demeures, des bras de leurs parens, et conduits à l'échaffaud au signal de ceux qui s'étoient partagés les lambeaux de la royauté; ces boucheries nommées tribunaux révolutionnaires où sans examen, et au nom du peuple, on égorgeoit le peuple. Sans doute nous leur devons d'avoir délivré la France de grands coupables; mais combien de talens, de vertus moissonnés! combien d'innocens immolés! d'innocens donc le sang, mêlé à celui des traîtres, sembloit faire partager à ces derniers la tendre pitié que les premiers inspiroient, et rendoit nul l'effet qu'auroit dû produire la punition exemplaire du crime; mais si je pose le sceau de la prudence sur les tablettes de Clio, je ne puis m'empêcher de dire que le jour où cessèrent ces fléaux qui désoloient la Patrie a dû être, un jour de fête, un jour de solemnité. Je laisse aux historiens jaloux de tout approfondir et de tout raconter, le soin de chercher comment a pû se renverser si subitement l'espèce de trône de fer que quelques hommes avides de pouvoir, ou aveuglés peut-être, s'étoient élevé, et qu'ils avoient environné de la terreur. Qu'ils tachent de découvrir les passions qui animoient ces tyrans plébéïens et les véritables motifs de ceux qui les ont frappés ; si c'est la seule crainte de périr eux-mêmes, ou ce sentiment bien naturel mêlé à l'indignation de la vertu et à l'amour du bien public qui les a guidés; moi, dans ce mémorable événement des 9 et 10 Thermidor je ne considère autre chose que la main de la liberté puissante, qui venge ses autels profanés, et qui sait employer les passions diverses des humains à assurer son règne, dans un pays qui la chérit et qui l'adore. Je n'y admire que la force de l'homme vraiment libre qui, quand il veut, se délivre de toute espèce d'oppression ; et, plein de cette idée consolante, j'entonne un cantique à la liberté.

Liberté sainte! liberté chérie! c'étoit à toi que nous devions notre délivrance du joug accablant des rois: c'étoit toi qui avois inspiré ces écrivains utiles qui nous avoient rappellé à notre dignité première, et qui en 1789 avois choisi, parmi le peuple méprisé, les instrumens de tes vengeances contre les despotes qui t'avoient bannie de nos riants et féconds climats.

Liberté sainte! liberté chérie! c'étoit toi qui nous avois conseillés et qui nous avois fourni les moyens d'établir sur les débris de la plus antique monarchie une République qui, dès son berceau, fit trembler tous les rois de l'Europe.

Liberté sainte! liberté chérie! c'est encore à toi que nous devons la cessation des fléaux sanglans qui nous ont ensuite désolés; c'est toi qui sûs profiter des pleurs et des murmures du peuple, opprimé de nouveau, pour éveiller des hommes qui s'étoient endormis sous le fouet de la terreur; c'est toi qui fis servir à ta justice l'énergie, le courage, la crainte, le désespoir, et jusqu'à la *moutonnerie* des divers Représentans qui s'étoient laissé décimer eux-mêmes. Le 9 Thermidor est un de tes triomphes, comme c'est pour nous un de tes bienfaits; et cette fête est un monument de notre reconnoissance. De notre reconnoissance! Eh comment la prouverons nous, Citoyens? car ce n'est pas dans le langage, c'est dans les actions qu'elle réside: c'est à des actions que doivent toujours nous porter les fêtes que nous célébrons; c'est-là le but moral de toutes les solemnités républicaines. Eh bien, je vais répondre pour nous tous.

Nous la prouverons notre reconnoissance à la liberté, en nous liguant pour qu'aucun des fléaux qu'elle a fait cesser au 9 Thermidor ne reparoissent, comme aussi pour qu'aucun des excès et les réactions qui l'ont suivi ne se reproduisent. Nous garderons ce milieu qui est la route de la sagesse, compagne véritable et inséparable de la vraie liberté ; nous réunirons nos forces contre les amis, les partisans, les stipendiés des rois, et nous briserons les couteaux dont ils veulent encore immoler les patriotes ; nous nous unirons de même pour empêcher qu'elle ne se renouvelle cette époque épouvantable de notre révolution, que l'on ne peut appeller que le règne des échaffauds.

Nous n'en connoîtrons d'échaffauds que pour punir les traîtres et les dilapidateurs de la fortune publique ; et ces échaffauds ce sera la justice qui seule aura le droit de les relever, et d'y faire conduire les coupables. Entre ses mains seules reposera le glaive sacré de la loi.

Ah ! c'est sans doute par l'impression de leurs souvenirs pénibles que des hommes vertueux et purs ont craint, dans ces derniers momens, de voir reparoître un régime abhorré. Non : si les patriotes, trop généralement oubliés et confondus avec les ennemis de la France, ont obtenu de la liberté quelque triomphe et quelque bienfait nouveau, les patriotes ne se permettront pas de ces réactions coupables qu'ils ont, avec tant de raison, blamées après le neuf Thermidor. Il ne reviendra jamais le règne assassin de l'innocence ; j'en jure par l'expérience du passé ; j'en jure par les vrais patriotes qui ne respirent que la liberté et non la vengeance ; j'en jure par l'élan sublime et unanime de nos représentans, et par le serment que nous avons tous fait de vivre libres ou de mourir ; j'en jure enfin par la Nation entière qui ne laissera plus souiller son histoire par de nouveaux crimes et de nouvelles horreurs.

Soldats de la Patrie! Généraux valeureux! vos parens, vos amis ne seront plus traînés à la mort pendant que vous exposerez votre vie pour défendre la patrie et la liberté ; vous n'aurez pas non plus à craindre que l'on fasse peser le glaive sur vos têtes couvertes des lauriers de la victoire: vous n'aurez pas à redouter d'être les victimes de l'ineptie ou de la malveillance d'un ministre ; de l'avarice ou de la cupidité d'un fournisseur ; les villes que vous aurez à défendre seront fortifiées et approvisionnées, et les phalanges que l'on vous aura promises, pour vous seconder, grossies de tous nos jeunes conscrits qui brulent de l'amour de la gloire, ne seront point imaginaires, et

reduites à quelques poignées d'hommes ex-
posés à la fureur des hordes innombrables de
nos ennemis conjurés. Leur terrible résistance
devenue si cruelle pour les brigands qui nous
attaquent, se changera en victoire, et, bien-
tôt, libres dans l'intérieur, victorieux au
dehors, nous apprendrons encore à la terre ce
que peut un peuple qui veut la liberté.

F. V.e MULOT.